Benny Blu®

Haie

Scharfsinnige Jäger

Text von Nicola und Thomas Herbst

Illustriert von Studio Klatschmohn

Für Moritz Klein aus Bruck,

der gerne wissen wollte,

was ein Revolvergebiss ist

Benny Blu und der Haiangriff

Benny Blu verbringt mit seiner Familie die Ferien am Mittelmeer. Es ist sehr heiß. Sie gehen zum Strand. Benny will unbedingt baden!

„Kommt schon, ihr lahmen Enten! Wer ist als Erster im Wasser?", ruft er ausgelassen und spurtet los. Natürlich ist Benny Blu der Erste. Begeistert plantscht er im warmen Wasser.

Plötzlich ruft Papa: „Schau mal, dort vorne!“ Benny traut seinen Augen nicht. Eine große graue Flosse kommt auf ihn zu. „Hilfe, ein Hai!“, schreit Benny Blu.

„Schnell weg, Papa! Er schwimmt direkt auf uns zu!“, ruft er aufgeregt. Doch Papa bleibt ganz ruhig und lächelt nur. Dann merkt Benny, warum Papa so gelassen ist.

Ein Junge mit einer Spielzeugflosse auf dem Rücken steigt aus dem Wasser. Er grinst schadenfroh. Benny Blu ist erleichtert. Der Junge hat ihn ganz schön verschaukelt.

Benny fragt seinen Papa: Wo leben eigentlich echte Haie? Wie viele Arten gibt es? Was fressen Haie? Und wie werden Haijunge geboren?

Urhaie

Haie gibt es etwa seit 400 Millionen Jahren. Einer der frühen Haie war der Cladoselache.

Megalodon

Vor etwa 18 Millionen Jahren lebte der Megalodon. Er war der größte Hai, den es je gab.

Der Weißhai wird bis etwa 7 Meter lang.

Megalodon wurde ungefähr 16 Meter lang.

Knorpel statt Knochen

Haie sind Knorpelfische. Ihr Skelett besteht aus biegsamem Gewebe, den Knorpeln.

Rochen sind enge Verwandte der Haie. Auch sie gehören zu den Knorpelfischen.

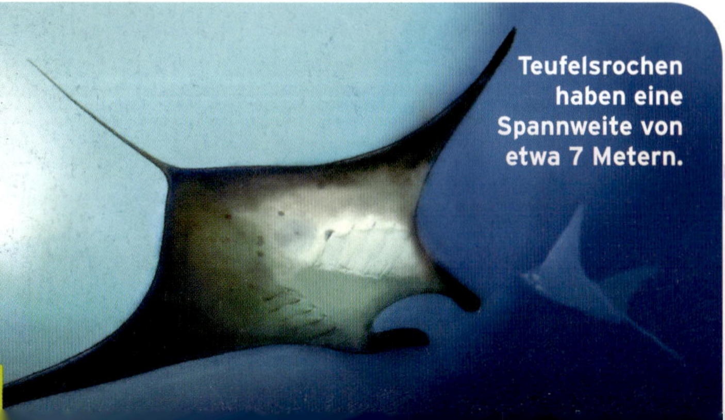

Teufelsrochen haben eine Spannweite von etwa 7 Metern.

Lebensraum

In fast allen Meeren gibt es Haie. Viele Arten kommen im Salzwasser vor. Im Süßwasser fühlen sich nur wenige Haie wohl.

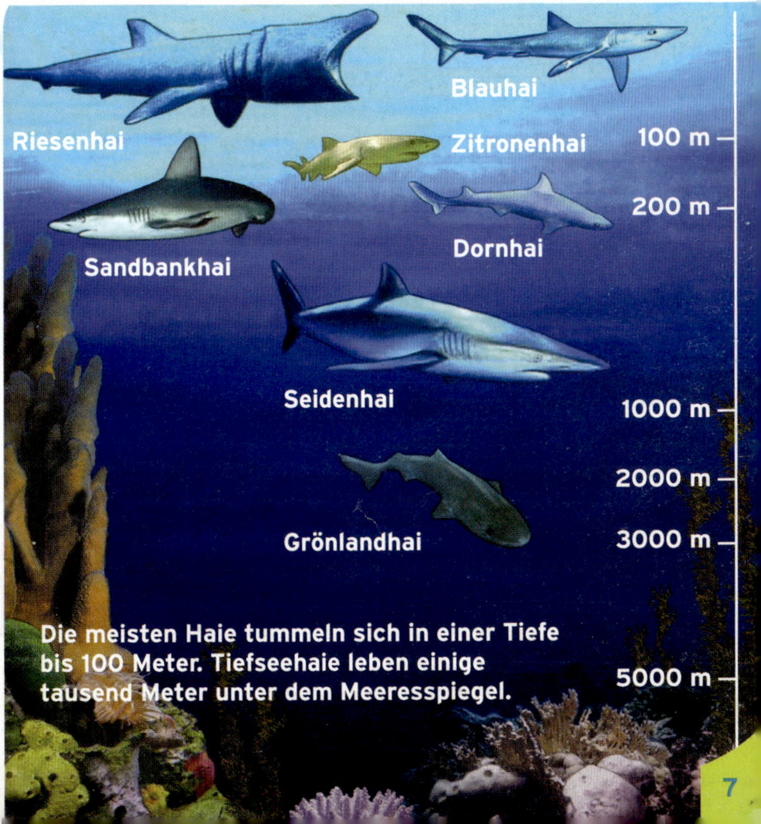

Die meisten Haie tummeln sich in einer Tiefe bis 100 Meter. Tiefseehaie leben einige tausend Meter unter dem Meeresspiegel.

Große Vielfalt

Fachleute unterscheiden mehrere hundert Hai-Arten. Es gibt zum Beispiel Hammerhaie, Sägehaie, Weißhaie und Engelhaie.

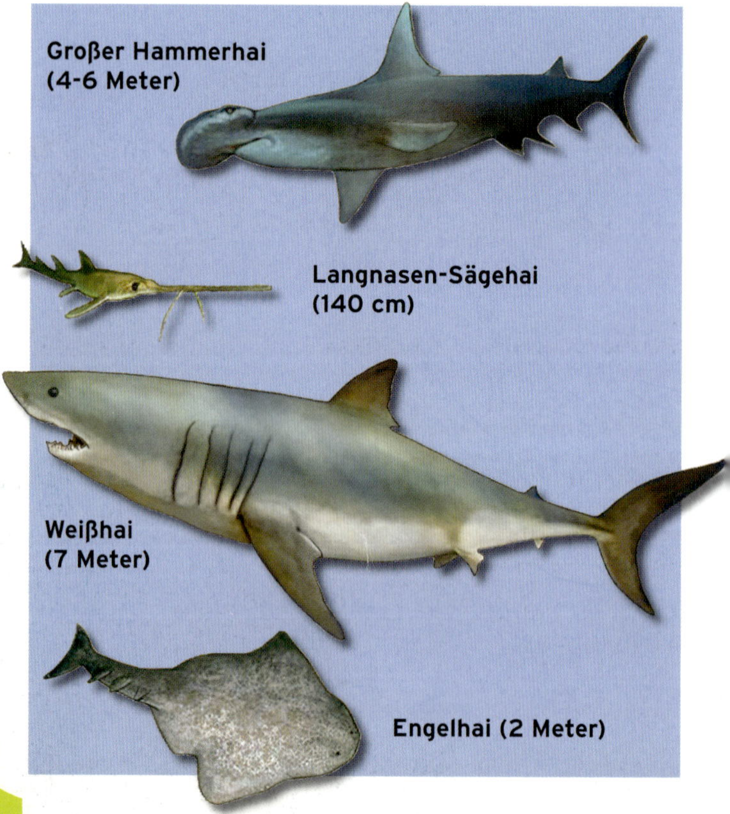

Gute Schwimmer

Haie können richtig gut schwimmen. Jede ihrer Flossen hat dabei eine andere Aufgabe.

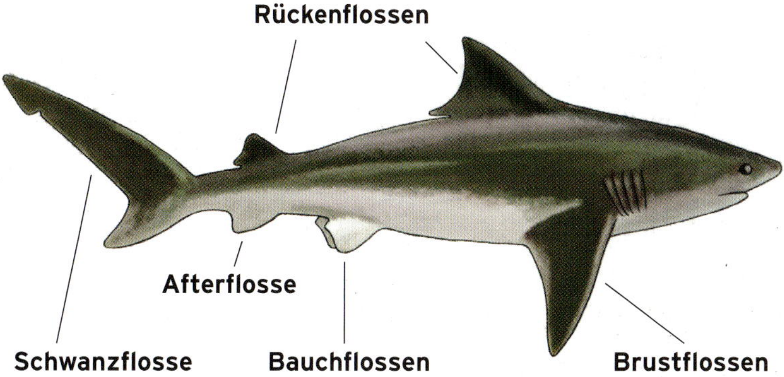

Antrieb

Die Schwanzflosse treibt den Fisch an. Rückenflossen halten den Hai gerade.

Flossenform

Haie besitzen ganz unterschiedliche Schwanzflossen. Die längste Flosse hat der Fuchshai.

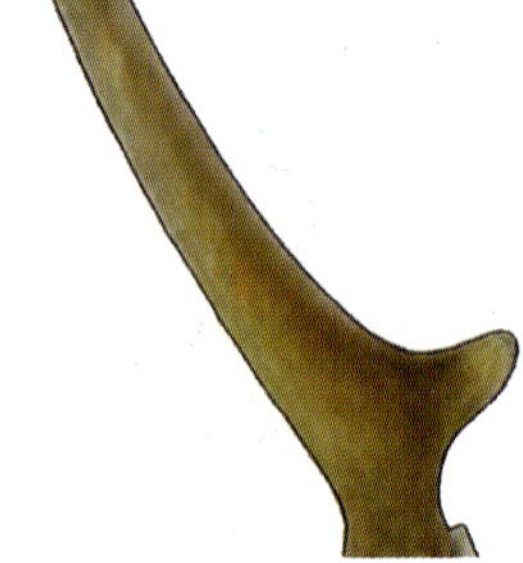

Fuchshai

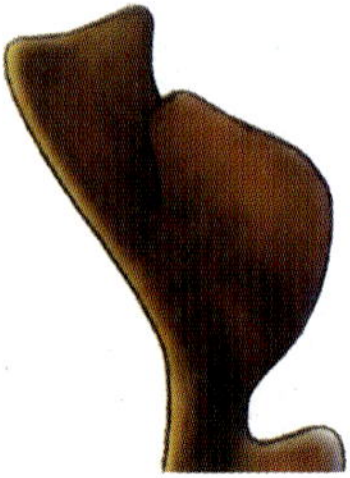

Hornhai

Krausenhai

Benny Blu Wissens-Tipp

Das Alter von Haien ist nur schwer zu bestimmen. Bei einigen Arten kann man es anhand der Wirbel herausfinden.

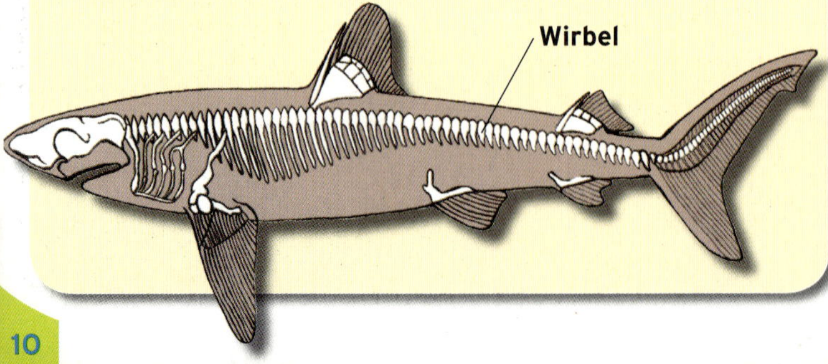

Rau wie Sandpapier

Auf der Haut der Haie sitzen winzige Zähne. Das fühlt sich sehr rau an. Die Haihaut lässt die Fische leicht durchs Wasser gleiten.

Benny Blu Wissens-Tipp

Viele hundert Jahre lang verwendeten Menschen Haihaut als Schleifpapier. Sie glätteten unebene Gegenstände damit.

Kiemen statt Lungen

Wie alle Fische haben Haie Kiemen. Damit filtern sie Sauerstoff aus dem Wasser.

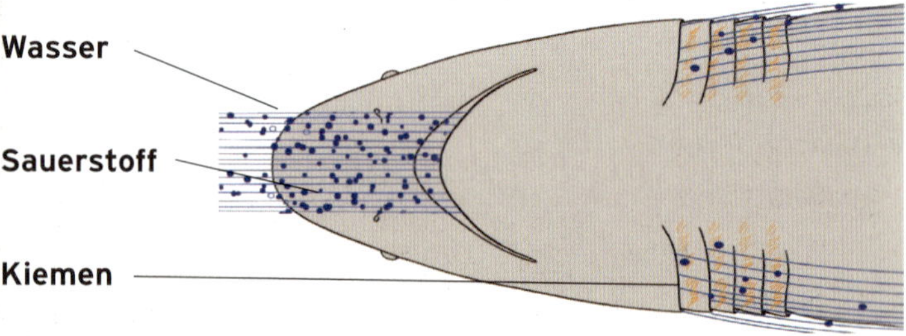

Durch das Maul fließt Wasser herein. Durch die Kiemen strömt es wieder heraus.

Benny Blu Wissens-Tipp

Grauhaie drücken ihre Laune mit ihrem Körper aus. Werden sie bedroht, krümmen sie sich.

ruhig

aufgeregt

Scharfe Sinne

Haie sind echte Supernasen. Sie erschnüffeln schon einen einzigen Blutstropfen auf einen Kilometer Entfernung.

Nase eines Hornhais

Die Ohren der Haie sieht man nicht. Sie liegen innen.

Feines Gehör

Die Raubfische haben auch einen sehr guten Gehörsinn. Er reicht mehrere Kilometer weit.

Echte Feinschmecker

Die meisten Haie sind wählerisch. Erwischen sie etwas Ungenießbares, spucken sie es einfach wieder aus.

Benny Blu Hai-Quiz

Welche zwei Flossen gibt es nicht? Kreuze an!

- A Bauchflosse ○
- B Fußflosse ⊗
- C Kopfflosse ⊗
- D Rückenflosse ○

Durchblick

Haie sehen auch im trüben Wasser gut. Manche Arten erspähen ihre Beute sogar in der Nacht.

Rundum-Blick

Beim Hammerhai sitzen die Augen an den Enden des „Hammers". Die Tiere können damit fast rundum gucken und ihre Beute sehen.

Vom Kopf bis zum Schwanz

Mit einem besonderen Organ spürt der Hai Fische in der Nähe. Es heißt Seitenlinienorgan.

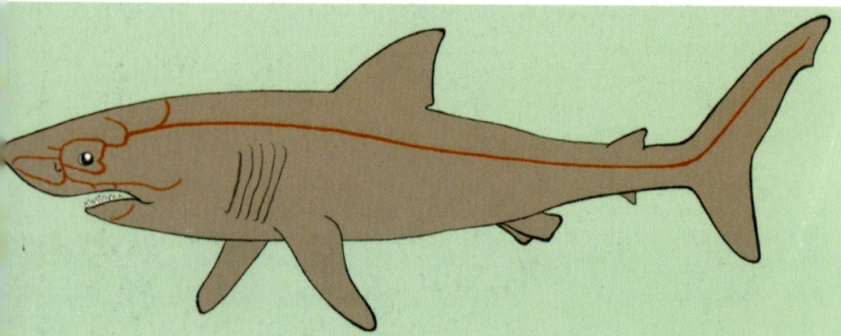

Das Seitenlinienorgan reicht von der Schnauze bis zur Schwanzflosse.

Elektrischer Sinn

Alle Lebewesen erzeugen elektrische Signale. Über kleine Löcher an der Schnauze nehmen Haie diese Signale auf. So finden sie auch Beutetiere, die sich verstecken.

Benny Blu Fische-Suchspiel

Dieser Tigerhai hat großen Appetit. Mit seinen guten Sinnesorganen findet er bestimmt alle Fische. Hast auch du die Beutetiere entdeckt?

Wie viele Fische darf der Hai verspeisen?

○ 3 ○ 5 ○ 7

Paarung

Haie sind Einzelgänger. Nur zur Paarung treffen sich die Tiere.

Ganz schön bissig

Das Männchen beißt sich am Weibchen fest. Bei der Paarung pressen sie sich aneinander. Man kann sie kaum noch auseinanderhalten.

Nachwuchs

Manche Haie legen Eier. Der Haiembryo ernährt sich vom Dottersack in der Eihülle.

Lebende Junge

Andere Hai-Arten bringen ihre Jungen lebend zur Welt. Die Geburt findet an einem geschützten Ort im flachen Wasser statt.

Benny Blu Wissens-Tipp

Die Babys einiger Haie wachsen in Eiern im Mutterleib heran. Bevor sie zur Welt kommen, schlüpfen sie im Bauch der Mutter aus.

Sandtigerhai

Die Embryos von Sandtigerhaien fressen im Mutterleib ihre Geschwister. Meist bleiben nur noch zwei von ihnen bis zur Geburt übrig.

Junge Bambushaie

Haikinder

Sie müssen sich nach der Geburt selbst versorgen. Darum sind sie eine leichte Beute für andere Haie.

Erwachsen werden

Junge Haie bleiben längere Zeit in flachen Gewässern. Dort gibt es ausreichend Nahrung. Auch vor Feinden sind sie besser geschützt.

Schwarzspitzenriffhai

Leckere Beute

Die meisten Hai-Arten ernähren sich von Fischen und Tintenfischen. Manchen schmecken auch Krebse und Seeigel.

Benny Blu Wissens-Tipp

Der Tigerhai frisst alles, was er zwischen die Zähne bekommt. Darum auch sein Spitzname: „Mülleimerhai“!

Tigerhaie fressen auch Blechdosen und anderen Unrat.

Fressen

Viele Haie haben ein Revolvergebiss. Die Zähne stehen dabei in mehreren Reihen hintereinander. Fällt ein Zahn aus, rückt ein neuer nach.

Benny Blu Hai-Puzzle

Ordne die Puzzle-Teile. Trage die Buchstaben richtig ein! Wie heißt der Hai auf dem Bild?

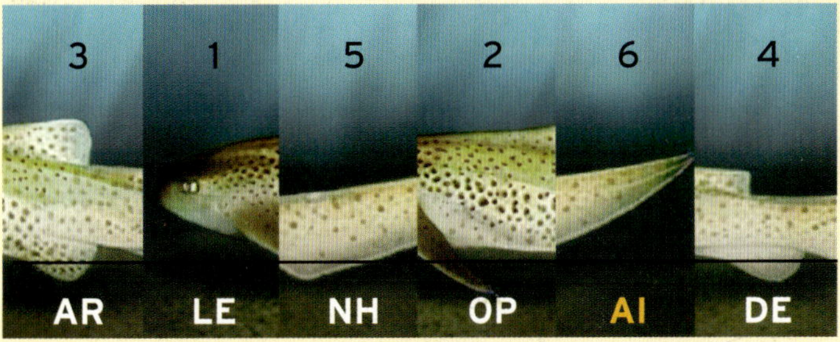

Der Hai heißt LEOPARDENH A I

Gefilterte Nahrung

Einige Haie sieben kleine Lebewesen aus dem Meer. Sie schwimmen mit offenem Maul. So erwischen sie besonders viel Nahrung.

Riesenhai

Gute Jäger

Die meisten Haie sind geschickte Jäger. Der Weißhai zum Beispiel nähert sich seiner Beute ganz langsam.

Großmaul

Er reißt sein Maul weit auf 1. Blitzschnell beißt er dann zu. Dabei schiebt sich sein Oberkiefer weit nach vorne 2.

1

2

Ein echter Reißer

Um seine Beute zu zerkleinern, schleudert der Hai seinen Kopf hin und her. Die Teile verschlingt er dann ohne zu kauen.

Haie und Menschen

Haie sind keine blutrünstigen Ungeheuer. Menschen stehen nicht auf ihrer Speisekarte. Zur Sicherheit beobachtet man einige Arten aber besser aus einem Käfig heraus.

Benny Blu Wissensfrage

Welchen Hai nennt man auch „Mülleimerhai"?

A Hammerhai ❍ B Leopardenhai ❍

C Tigerhai ☒

D Blauhai ❍

Keine Absicht

Der Weißhai frisst gerne Seehunde. Manchmal verwechselt er Surfer oder Schwimmer mit diesen Tieren.

Benny Blu Wissens-Tipp

In Filmen werden Haie oft als richtige Menschenfresser dargestellt. Das hat mit den echten Haien nichts zu tun.

Benny Blu Hai-Rekorde

Der Walhai ist der größte Hai. Er wird 15 Meter lang – so lang wie ein Lastwagen mit Anhänger.

Kleine Dornhai-Arten sind etwa so groß wie ein Handy. Ganz schön winzig!

Benny Blu Bücher

... vermitteln Wissen kinderleicht
... machen fit für die Schule
... bringen Spaß für die Leser

Wissen für alle von 5 bis 105!

Andreas Hinkel

Lukas Koch

Thomas Bug

Prominente Autoren

Viele prominente Autoren geben ihr Sachwissen gerne weiter. Zusammen mit Benny Blu setzen sie sich regelmäßig für Kinder in schwierigen Lebenssituationen ein.

Henry Maske

Nina Ruge

Walter Röhrl

Christian Häckl

Kein Benny Blu Buch verpassen!

Wer kein Benny Blu Buch verpassen will, nutzt den **Benny Blu Newsletter-Service**. Mehr Infos unter www.BennyBlu.de.

Bereits erschienen:

Adler – Könige der Lüfte
Ägypten – Leben am Nil
Altes Rom – Soldaten, Götter, Spiele
Autos – Vom Dampfwagen zum Flitzer
Babys – Das Leben beginnt
Bauernhof – Leben auf dem Land
Benehmen – Bitte, danke, gern geschehen
Bienen – Fleißige Honigmacher
BRD – So ist sie aufgebaut
Brot – Vom Mehl zum Brot
Bücher – So werden sie gemacht
Christentum – Der Glaube an Jesus
Delfine – Schlaue Schwimmer
Dinosaurier – Faszinierende Urtiere
Eichen – Vom Samen zum Baumriesen
Eisbären – Raues Leben in der Arktis
Eisenbahn – Von der Pferdebahn zum ICE
Elefanten – Sanfte Riesen
Erde – Unser Lebensraum
Fernsehen – Filmen, senden, gucken
Feuerwehr – Löschen, retten, bergen, schütz
Flugzeuge – Vom Gleiter zum Airbus
Frösche – Quakkonzert am Teich
Fußball – Team, Tor, Sieg
Gefühle – Glücklich, wütend, fröhlich sein
Gehirn – So denken wir
Getreide – Vom Korn zum Mehl
Glas – Stoff mit Durchblick
Gorillas – Große Menschenaffen
Haie – Scharfsinnige Jäger
Handy – Telefone und Funklöcher
Hausbau – Von der Planung zum Einzug
Hecke – Bäume, Sträucher, Tiere
Heilpflanzen – Blüten, Tee und Zauberkraft
Hunde – Freunde der Menschen
Igel – Stachlige Urtiere
Indianer – Wigwam und Büffeljagd
Kaninchen – ... und Hasen
Kartoffeln – Lecker und gesund
Katzen – Schnurren oder kratzen
Kino – Wie die Bilder laufen lernen
Körper – So funktioniert er
Kolumbus – Entdeckung der Neuen Welt
Lerntipps – Leichter lernen

Löwen – Mächtige Raubkatzen
Meisen – Geschickte Gartenvögel
Mensch – So hat er sich entwickelt
Milch – Vom Euter bis zur Flasche
Ostern – Das Fest der Freude
Papageien – Bunt und gesellig
Pferde – Schön, schnell und stark
Pilze – Vielseitig und nützlich
Piraten – Räuber der Meere
Polizei – Hilfe, Schutz, Verbrecherjagd
Radio – Senden und empfangen
Raumfahrt – Reisen ins All
Ritter – Lanze, Ross und Reiter
Schiffe – Segelschiffe, Dampfer, Frachter
Schlangen – Züngeln, schlängeln, zischen
Schmetterlinge – Von der Raupe zum Falter
Schokolade – Süßes vom Kakaobaum
Sport – Olympisch fit und fair
Tannen – Immergrüne Nadelbäume
Tiger – Gestreifte Großkatzen
Verkehr – Sicher auf der Straße
Vulkane – Feuer speiende Berge
Wasser – Aus der Quelle ins Glas
Weihnachten – Das Fest der Liebe
Weltall – Sterne und Planeten
Wetter – Regen, Wolken, Sonnenschein
Wiese – Blumen, Gräser und Tiere
Wikinger – Raues Seefahrervolk
Zähne – Starke Beißer
Zeit – Messbar, aber nicht zu fassen
Zucker – Aus der Rübe in die Tüte

... und viele weitere Titel.

Mehr Infos zu Benny Blu
unter der Hotline:
01805/71 15 71 (0,12 €/Minute)
oder im Internet unter:

www.BennyBlu.de

Alle Lösungen auf einen Blick

Damit du die Lösungen lesen kannst,
musst du das Buch drehen.

Von Seite 14:

Benny Blu Hai-Quiz

Prima! B und C gibt es nicht.

Von Seite 17:

Benny Blu Fische-Suchspiel

Von Seite 23:

Benny Blu Hai-Puzzle

Sehr gut! Der gesuchte Hai heißt Leopardenhai.

Von Seite 26:

Benny Blu Wissensfrage

Spitze! Antwort C ist richtig. Den Tigerhai nennt man auch „Mülleimerhai".